Made in the USA
Las Vegas, NV
07 August 2021

27726342R00063